Jan Brennenstuhl

Probleme und Risiken im Umgang mit dem Mobilfunkstandard GSM

GRIN Verlag

Bibliografische Information der Deutschen Nationalbibliothek:

Die Deutsche Bibliothek verzeichnet diese Publikation in der Deutschen National-
bibliografie; detaillierte bibliografische Daten sind im Internet über http://dnb.d-
nb.de/ abrufbar.

Impressum:

Copyright © 2011 GRIN Verlag, Open Publishing GmbH
Druck und Bindung: Books on Demand GmbH, Norderstedt Germany
ISBN: 978-3-656-13088-8

Dieses Buch bei GRIN:

http://www.grin.com/de/e-book/188633/probleme-und-risiken-im-umgang-mit-
dem-mobilfunkstandard-gsm

UNIVERSITÄT POTSDAM

Ausarbeitung
in der Veranstaltung
Netzwerktechnologien Mobilkommunikation

GSM Hacking

Jan Brennenstuhl

Abstract

Ziel dieser Arbeit ist es, Probleme und Risiken im Umgang mit dem Mobilfunkstandard GSM aufzuzeigen und somit für eine bewusstere Nutzung zu werben. Dazu werden Sicherheitsrisiken bei der Authentifizierung und der Verschlüsselung identifiziert und die daraus resultierende Möglichkeit praktischer Angriffe beschrieben. Umgangsempfehlungen schließen die Betrachtungen ab.

Inhaltsverzeichnis

1 GSM

Mobilfunk umgibt uns und hat in den letzten Jahren unser Kommunikationsverhalten und unsere -technik stetig verändert und oft auch revolutioniert. Besonders die Einführung[1] des *Global System for Mobile Communications* Mobilfunk-Standards (GSM) machte die damit einsetzende Verbreitung von Mobiltelefonen überhaupt erst möglich.

Entwickelt wurde GSM auf Grundlage eines Beschlusses der *European Conference of Postal and Telecommunications Administrations* (CEPT) im Jahre 1982, von der Arbeitsgruppe *Groupe Special Mobile*. Der Weg zum Industriestandard wurde 1987 maßgeblich durch das *Memorandum of Understanding* (MoU), welches von 13 Staaten unterzeichnet wurde und direkte Empfehlungen beziehungsweise Forderungen an das GSM enthielt, geebnet. Ziel war es ein mobiles, länderunabhängiges, breites Sprach- und Datendiensteangebot auf Basis von kostengünstiger Infrastruktur zu etablieren (vgl. Hetzer 2011, S.4f).

In den folgenden Jahren entwickelte sich aus diesem Anspruch das größte, globale Mobilfunk-Netz mit circa einer Milliarde Teilnehmern im ersten Quartal 2004 und bereits über 2,3 Milliarden Teilnehmern, also einem weltweiten Marktanteil von 84,5 Prozent, im ersten Quartal 2007 (vgl. Hetzer 2011, S.6). Besonders die kostengünstigen Endgeräte sowie die Kompatibilität zu drahtgebundenen Netzen dürften dabei für den Erfolg verantwortlich sein.

In Anbetracht dieser enormen Verbreitung soll der GSM-Standard im Folgenden auf Sicherheitsprobleme untersucht, sowie Schwachstellen aufgezeigt und somit zu einem bewussten Umgang mit Mobilfunk angeregt werden. Dazu werden kurz zentrale technische Zusammenhänge erläutert und diese auf Risiken hin untersucht. Auf dieser Grundlage werden mögliche Angriffsszenarien dargestellt und abschließend Empfehlungen für eine sichere Nutzung von GSM zusammengefasst.

---

[1] In Deutschland wurde GSM 1992 eingeführt.

2 Authentifizierung

Um GSM nutzen zu können, ist die Authentifizierung gegenüber einem (Mobilfunk-) Provider notwendig, der so unter anderem über ein effektives Mittel zur eindeutigen Identifizierung des Nutzers und somit auch über ein direktes Verfahren zur Kostenabrechnung verfügt. Die weltweit eindeutige Zuordnung erfolgt über die sogenannte *International Mobile Subscriber Identity* (*IMSI*), bei der es sich um eine fünfzehnstellige Zahl handelt, die aus einem Ländercodeteil, einer Netz- und einer Teilnehmerkennung besteht und durch den Netzbetreiber eindeutig einer *SIM*[1]-Karte zugeordnet wird. Darüber hinaus ist auch der *Individual Subscriber Authentifikation Key* (*Ki*), ein bis zu 128-Bit langer kryptografischer Schlüssel, im *SIM* enthalten. Sowohl IMSI als auch *Ki* sind auch im *Authentication Center* (*AUC*) des Netzbetreibers hinterlegt (vgl. Weis u. Lucks 1998, S.1) und bilden so die Grundlage zur Authentifizierung, die nachfolgend vereinfacht schematisch dargestellt und auf Probleme untersucht wird.

2.1 Ablauf

Ein sogenanntes Challenge-Response-Verfahren[2] bildet im GSM-Standard die verfahrenstechnische Grundlage der Authentifizierung. Dabei sendet, wie in Abbildung 2.1 dargestellt, das *AUC* im Mobilfunksystem des Netzbetreibers eine 128-Bit-Zufallszahl (*RAND*) als Anfrage (Challenge) an das Mobilfunkgerät des Nutzers. Dieses erzeugt auf Grundlage des Kryptografieverfahrens A3 und unter Zuhilfenahme der *Ki* eine signierte Antwort (Signed Response, auch *SRES*) und sendet diese an das *Home*- beziehungsweise *Visitor-Location-Register* (*HLR* bzw. *VLR*) im Mobilfunksystem. Die *SRES* wird dort mit der währenddessen vom AUC auf gleiche Weise erzeugten *SRES* verglichen. Stimmen beide *SRES* überein, hat das Mobilfunkgerät die Challenge bestanden und gilt somit als authentifiziert.

2.2 Probleme

Die Hauptproblematik bei der GSM-Authentifizierung äußert sich darin, dass sich in diesem Verfahren ausschließlich der Nutzer beziehungsweise das Endgerät gegenüber dem Provider authentifiziert und es sich somit um eine einseitige Authentifizierung handelt. Dies hat zur Folge, dass sich das Endgerät gutgläubig mit jeder Maschine verbindet, die nach außen hin als *AUC*-Mobilfunksystem auftritt und eröffnet somit die Möglichkeit von Man-In-The-Middle-Angriffen, die nicht nur zur Erzeugung von Bewegungsprofilen, sondern auch zum Abgreifen von Identitätsinformationen, die richtige Hardware (siehe Abschnitt 4.1) vorausgesetzt, genutzt werden können (vgl. Weis u. Lucks 1998, S.2).

---

[1] Subscriber Identity Module
[2] Challenge-Response-Verfahren sind Authentifizierungsverfahren, die auf der Geheimhaltung von Wissen beruhen (vgl. Eckert 2009, S.461)

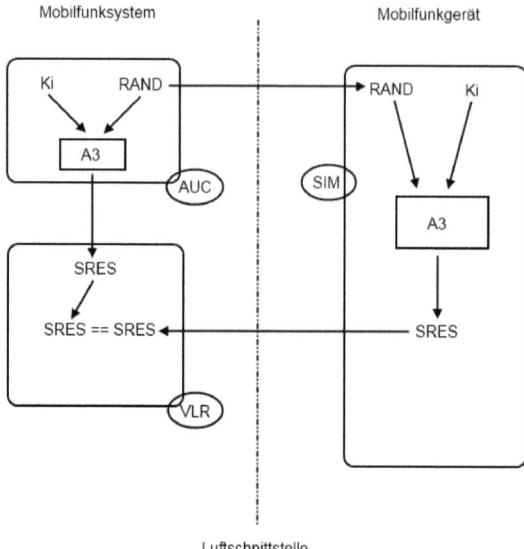

Abbildung 2.1: Darstellung der GSM-Authentifizierung (nach Hetzer 2011, S.65)

Darüber hinaus gilt der zur Erfüllung des Challenge-Response-Verfahrens eingesetzte Verschlüsselungsalgorithmus A3 als weitestgehend unsicher (vgl. Weis u. Lucks 1998, S.2), was es Angreifern möglich macht „der SIM-Karte eines gewöhnlichen Handies in wenigen Stunden de[n] geheime[n] Schlüssel" zu entlocken (vgl. Weis u. Lucks 1998, S.3).

3 Verschlüsselung

Aufgrund dessen, dass Daten während der Übertragung über Funkstrecken besonders gefährdet sind, da diese direkt und oft ohne physikalische Nähe zu Sender oder Empfänger abgegriffen werden, verfügt GSM über die (optionale) Möglichkeit zu übertragende Daten zu verschlüsseln. Gesichert wird dabei die Funkstrecke vom mobilen Endgerät des Nutzers zur Basisstation, also dem Eintrittspunkt in das Mobilfunksystem, des Diensteanbieters. Genutzt wird dazu der symmetrische Verschlüsselungsalgorithmus $A5$ (siehe Abschnitt 3.3), der in mehrere Chiffren unterteilt ist.

3.1 Ablauf

Da in einem symmetrischen Verschlüsselungssystem Kommunikationspartner einen gemeinsamen, geheimen Schlüssel zur Ver- und Entschlüsselung von Botschaften benutzen, muss dieser zuvor zwischen allen Parteien, im Fall von GSM zwischen Mobilfunksystem und Mobilfunkgerät, ausgehandelt werden (vgl. Eckert 2009, S.288). Im GSM-Standard geschieht dies, wie in Abbildung 3.1 schematisch dargestellt, mit Hilfe der bereits für die Authentifizierung übermittelten $RAND$ (siehe Kapitel 2) und der im AUC beziehungsweise auf der SIM-Karte hinterlegten Ki. Beide Datensätze dienen als Eingabewerte der Erzeugung des geheimen Schlüssels (Kc), der sowohl beim Netzbetreiber als auch im Endgerät auf Grundlage des A8-Algorithmus errechnet wird (vgl. Weis u. Lucks 1998, S.2). Beide Kommunikationspartner verfügen somit über den gleichen Schlüssel und können dadurch, auf Basis des A5-Algorithmus, Daten verschlüsselt über die unsichere Luftschnittstelle austauschen. Dabei können allerdings zwei schwerwiegende Probleme identifiziert und im Folgenden näher betrachten werden.

3.2 Probleme

Da die Verschlüsselung bei GSM, wenn überhaupt[1], ausschließlich die Funkstrecke zwischen mobilem Endgerät und Basisstation betrifft, handelt es sich um keine Ende-zu-Ende-Verschlüsselung. Dadurch wird die Sicherheit der übertragenen Informationen wie Gesprächs- und Anwendungsdaten stark eingeschränkt. Besonders vor dem Hintergrund eventuell verwendeter Luftschnittstellen im Back-End des Mobilfunksystems ist die Entschlüsselung der Daten bereits an der Basisstation eine ernst zu nehmende Problematik, da dies das Abgreifen und Dechiffrieren der gesendeten Informationen auch für nicht-hoheitliche Stellen einfach möglich macht.

Hinzu kommt, dass der verwendete A5-Algorithmus seit längerem als unsicher eingestuft wird, weshalb dieser nachfolgend genauer betrachtet wird.

---

[1]Die Verschlüsselung ist optional und wird durch die Basisstation festgelegt.

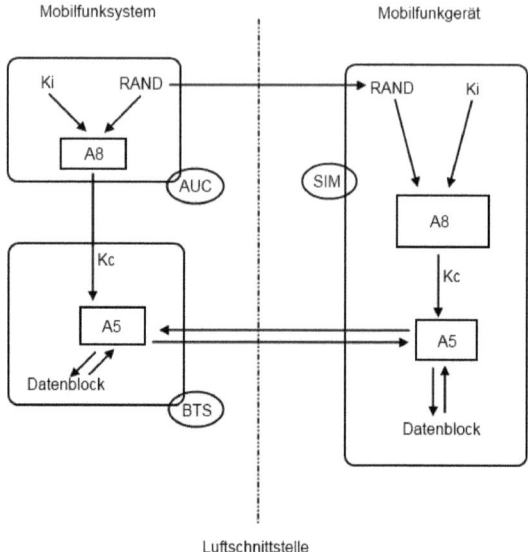

Abbildung 3.1: Darstellung der GSM-Verschlüsselung (nach Hetzer 2011, S.66)

3.3 A5 Algorithmus

A5 ist die Basis-Verschlüsselungschiffre von GSM. Bereits die Art der Entwicklung dieser Stromchiffre um 1987 gilt heutzutage als Sicherheitsrisiko, da sie auf der Geheimhaltung das eigentlichen Algorithmuses basiert (Stichwort: Security by Obscurity), und somit gegen das anerkannte Kerkhoff'sche Prinzip[2] der modernen Kryptographie verstößt.

Hinzu kommt, dass bereits seit 1998 akademische Angriffe auf den 64-bittigen A5-Algorithmus bekannt sind, die heutzutage aufgrund besserer Rechenleistungen praktikable Angriffe ermöglichen (vgl. Ernst 2008). Dabei kann des Weiteren auf die 2008 veröffentlichten A5-Rainbow-Tables zurückgegriffen und die verschlüsselt übertragenen Daten somit in Echtzeit und ohne hohen finanziellen Aufwand gebrochen werden (vgl. Nohl u. Paget 2009, S.18).

Auf Grundlage dessen muss davon ausgegangen werden, dass heutzutage nicht nur hoheitliche Behörden und Geheimdienste in der Lage sind über GSM übertragene Daten und Gespräche mitzuschneiden und zu analysieren. Praktische Angriffe werden im folgenden Kapitel 4 näher erläutert.

---

[2]Nach Auguste Kerckhoff basiert die Sicherheit eines Verschlüsselungsverfahrens nicht auf der Geheimhaltung des Algorithmuses, sondern auf der Mächtigkeit und Geheimhaltung des genutzten Schlüssels (vgl. Borys 2011, S.65).

4 Praktische Angriffe

4.1 IMSI-Catcher

IMSI-Catcher sind Geräte, mit Hilfe derer nicht nur die auf der *SIM*-Karte gespeicherte *IMSI* ausgelesen und der Aufenthaltsort des Mobilfunkgeräts ermittelt, sondern mit dem auch Gespräche mitgehört werden können. Dabei wird die Problematik der einseitigen Authentifizierung[1] ausgenutzt und auf diese Weise ein sogenannter Man-In-The-Middle-Angriff durchgeführt.

Um dies zu erreichen, simuliert der *IMSI*-Catcher eine GSM-Basisstation mit starkem, lokalem Signal, was dazu führt, dass sich Mobilfunkgeräte in der direkten Nähe des *IMSI*-Catchers mit diesem verbinden, da diese nicht in der Lage sind festzustellen, ob es sich wirklich um eine legitime Basisstation des Providers handelt. Sämtliche Verbindungsdaten werden so direkt an den *IMSI*-Catcher übermittelt, der diese als Vermittler an die eigentliche Basisstation weiterleitet und so die erwartete Funktionaliät weiterhin zur Verfügung stellt. Auch die Basisstation ist nicht in der Lage *IMSI*-Catcher von anderen Mobilfunkgeräten zu unterscheiden (vgl. Görrisch 2005, S.38).

Aufgrund der in Kapitel 3 dargelegten Probleme des verwendeten Verschlüsselungsalgorithmuses ist es so möglich, sämtliche Kommunikation zwischen Mobilfunksystem und Endgerät zu entschlüsseln und auf diese Weise an vertrauliche Informationen zu gelangen. Die finanziellen Anforderungen halten sich dabei in Grenzen. So war es 2010 möglich „*IMSI*-Catcher für 1500 Euro im Eigenbau"(Ries 2010) zu erwerben.

4.2 Exkurs: IMSI-Catcher Einsatz in Dresden

Die elektronische Erhebung von Daten zur Aufklärung schwerer Straftaten durch *IMSI*-Catcher ist dem Bundesamt für Verfassungsschutz sowie anderen deutschen Geheimdiensten seit dem 11. September 2001 erlaubt. Zwar ist die eigentliche Zielstellung dieser Befugnis die Bekämpfung von Terrorismus, dennoch werden die zur Verfügung stehenden Geräte auch auf Protestkundgebungen und Demonstrationen eingesetzt, wie das Beispiel aus Dresden zeigt (vgl. Schmidt u. Wrusch 2011).

Am 19. Februar 2011 demonstrierten 17.000 Menschen gegen einen geplanten Neonazi-Aufmarsch in der Dresdner Innenstadt. Während dieser Proteste wurden auch *IMSI*-Catcher durch die Polizei eingesetzt, die mit Hilfe sogenannter Funkzellenauswertungen ungefähr eine Million Handyverbindungsdaten von über 300.000 Menschen ermittelte und speicherte, sowie Gespräche abhörte, infolge dessen es zu einem erheblichen Medienecho und der Kritik

---

[1]Das Mobiltelefon muss sich gegenüber dem Mobilfunksystem, nicht jedoch das Mobilfunksystem gegenüber dem Mobiltelefon authentifizieren (siehe Kapitel 2)

durch Datenschützer und Politiker gekommen war (vgl. Wrusch 2011).

Die Kritik dreht sich insbesondere um die Fragen nach der Verhältnismäßigkeit und der Möglichkeit einer Zweckentfremdung der Datenerhebung, infolge derer die Rechtmäßigkeit der massenhaften Datensammlung nicht gegeben wäre. Da die Überwachungsaktion ungefähr 300.000 Menschen direkt betraf und dementsprechend vordergründig nicht nur (potentielle) Straftäter überwacht wurden, scheinen diese Ermittlungen nicht gerechtfertigt zu sein (vgl. Reißmann 2011). Die Untersuchungen laufen noch.

4.3 DoS-Attacken

Auch sogenannte Denial-of-Service-Attacken (DoS), also das Angreifen von Verfüg- und Erreichbarkeit von Diensten, sind im GSM-Netz möglich. So ist es möglich, eine komplette GSM-Zelle mit Hilfe nur eines präparieren Mobiltelefons zu blockieren. Eine Anmeldung an das Mobilfunknetz ist dabei nicht notwendig, weshalb es nicht möglich ist das angreifende Gerät zu identifizieren und so zum Beispiel seine Position zu bestimmen (vgl. Ihlenfeld 2009).

Ausgenutzt wird bei diesem von Dieter Spaar vorgestellten Angriff (siehe Spaar 2009) ein konzeptioneller Fehler beim GSM-Verbindungsaufbau. Dieser ermöglicht es, über eine Vielzahl sogenannter Channel-Requests Anfragen für einen Verbindungsaufbau an das Mobilfunksystem zu stellen. Dieses wartet mit einem Timeout von bis zu fünf Sekunden auf eine Rückmeldung des Mobilfunkgeräts. Da nur eine begrenzte Anzahl von Kanälen zur Verfügung steht, können so alle Kanäle und damit die gesamte Zelle blockiert werden (vgl. Ihlenfeld 2009).

5 Zusammenfassung

Aufgrund einer Vielzahl konzeptioneller Probleme handelt es sich bei GSM trotz Authentifizierungs- und Verschlüsselungsmechanismen, vor allem im Blick auf Security, um einen sehr unsicheren Kommunikationsstandard. Die nur einseitige Authentifizierung ermöglicht nicht nur das direkte Abgreifen von Daten durch Man-In-The-Middle-Angriffe mit Hilfe sogenannter IMSI-Catcher, sondern auch aufgrund des brechbaren A5-Verschlüsselungsalgorithmuses und der Zugänglichkeit von Rainbow-Tables ein Entschlüsseln dieser.

Zusammenfassend lassen sich darauf aufbauend einige Empfehlungen zum Umgang mit GSM identifizieren. So sollten vertrauliche Informationen nicht über das GSM-Netz ausgetauscht und das Endgerät zum Schutz vor der Erstellung von Bewegungsprofilen regelmäßig ausgeschaltet werden. Eine manuelle Überprüfung der Kostenabrechnungen ist ebenfalls ratsam (vgl. Weis u. Lucks 1998, S.4).

Literaturverzeichnis

Borys 2011
BORYS, Thomas: *Codierung und Kryptologie.* Vieweg+Teubner, 2011

Eckert 2009
ECKERT, Claudia: *IT-Sicherheit: Konzepte - Verfahren - Protokolle, 6. Auflage.* Oldenbourg, 2009

Görrisch 2005
GÖRRISCH, Dieter: *Moderne Lausch- und Störverfahren.* Franzis, 2005

Webseitenverzeichnis

Ernst 2008

ERNST, Nico: *Black-Hat-Konferenz: Handys abhören für jedermann.* Version: Februar 2008. http://www.golem.de/0802/57898.html, Abruf: 03. Juli 2011. Online-Artikel

Hetzer 2011

HETZER, Dr.-Ing. D.: *Mobilkommunikation II. Drahtlose Telekommunikationssysteme – Kapitel 2 Global System for Mobile Communications (GSM).* Version: 2011. http://www.cs.uni-potsdam.de/sse/teaching/ss11/ntmk/ps/MK-02-DrahtloseTelekommunikationssysteme_SS2011.pdf, Abruf: 30. Juni 2011. Foliensammlung

Ihlenfeld 2009

IHLENFELD, Jens: *DoS-Angriff auf GSM - einzelnes Handy blockiert Funkzelle.* Version: Dezember 2009. http://www.golem.de/0912/72122.html, Abruf: 03. Juli 2011. Online-Artikel

Nohl u. Paget 2009

NOHL, Karsten ; PAGET, Chris: *GSM - SRSLY?* Version: 2009. http://events.ccc.de/congress/2009/Fahrplan/attachments/1519_26C3.Karsten.Nohl.GSM.pdf, Abruf: 03. Juli 2011. Foliensammlung

Reißmann 2011

REISSMANN, Ole ; ONLINE, Spiegel (Hrsg.): *Handy-Verbindungsdaten – Sachsens Polizei spähte mehrere Stadtteile aus.* Version: Juni 2011. http://www.spiegel.de/netzwelt/netzpolitik/0,1518,770473,00.html, Abruf: 18. Juli 2011. Online-Artikel

Ries 2010

RIES, Uli: *IMSI-Catcher für 1500 Euro im Eigenbau.* Version: August 2010. http://www.heise.de/newsticker/meldung/IMSI-Catcher-fuer-1500-Euro-im-Eigenbau-1048919.html, Abruf: 03. Juli 2011. Online-Artikel

Schmidt u. Wrusch 2011

SCHMIDT, W. ; WRUSCH, P. ; TAZ (Hrsg.): *Dresdner Handyüberwachung – Gespräche mitgehört?* Version: Juni 2011. http://www.taz.de/1/politik/schwerpunkt-ueberwachung/artikel/1/gespraeche-mitgehoert/, Abruf: 18. Juli 2011. Online-Artikel

Spaar 2009

SPAAR, Dieter: *A practical DoS attack to the GSM network.* Version: 2009. http://www.mirider.com/GSM-DoS-Attack_Dieter_Spaar.pdf, Abruf: 03. Juli 2011. Foliensammlung

Weis u. Lucks 1998

WEIS, Dipl.-Math. R. ; LUCKS, Dr. S.: *Sicherheitsprobleme bei Authentifizierung und Verschlüsselung in GSM-Netzen.* Version: 1998. `http://www.cryptolabs.org/gsm/ WeisLucksGSM.pdf`, Abruf: 30. Juni 2011. PDF-Dokument

Wrusch 2011

WRUSCH, Paul ; TAZ (Hrsg.): *Folgen des Handy-Skandals in Dresden – Datensammeln soll erschwert werden.* Version: Juli 2011. `http://www.taz.de/1/politik/ schwerpunkt-ueberwachung/artikel/1/datensammeln-soll-erschwert-werden/`, Abruf: 18. Juli 2011. Online-Artikel

Glossar

Kürzel	Beschreibung	
AUC	Authentication Center	3
CEPT	European Conference of Postal and Telecommunications Administrations	1
DoS	Denial-of-Service	8
GSM	Global System for Mobile Communications; Mobilfunk-Standard	1
HLR	Home-Location-Register	3
IMSI	International Mobile Subscriber Identity	3
Ki	Individual Subscriber Authentifikation Key	3
MoU	Memorandum of Understanding	1
RAND	Random Number	3
SIM	Subscriber Identity Module	3
SRES	Signed Response	3
VLR	Visitor-Location-Register	3